Friedrich Köthe

REISE DURCH

TUNESIEN

STÜRTZ VERLAG WÜRZBURG

REISE DURCH TUNESIEN

INHALT

16 DJEZIRET EL-MAGHREB – INSEL DES WESTENS
18 Im Zeichen fremder Mächte – 21 Küsten, Steppen und Oasen – 25 Nähen für Europa – 25 Traditionen im Zeichen des Islam – 26 Mediterraner Blütenzauber und die Kargheit der Wüste – 27 Im Garten Allahs

34 VOM MITTELMEER BIS ZUR SAHARA
36 Das Meer gestaltet die Küste – 43 Wüsten und Oasen – 55 Das grüne Land

58 ANTIKE STÄDTE AUF DEM WEG IN DIE ZUKUNFT
60 Tunis, das Tor Afrikas – 66 Antike Festungen – 68 Bizerte, Festung der Franzosen – 70 El Kef, Hauptstadt des Westens – 72 Sidi Bou Said und Monastir, die Perlen des Mittelmeers – 78 Sfax: Minarette und Schornsteine – 83 Sousse, der Hafen Hannibals – 85 Kairouan, am Rande der Wüste – 90 Djerba, die Insel Odysseus'

92 TUNESIEN – MENSCHEN UND MÄRKTE
94 Fischfang, eine alte Kunst – 96 Der Souk ist das Zentrum – 102 Wohnen und Feiern – 109 Die Stätten des Glaubens – 110 Das moderne Tunesien

112 DAS ERBE DER RÖMER
114 Karthago, die Stadt der Phönizier – 116 Der lange Arm der Römer – 123 Sbeitla, das antike Sufetula – 126 Im Palast der Mosaiken

Links Vor allem auf dem Land werden Hochzeiten noch immer traditionell gefeiert.

Rechts Ein mit schmiedeeisernen Arabesken verzierter Zaun umschließt den Hof vor dem Bourguiba-Mausoleum in Monastir. Das Gebäude wurde in den 60er Jahren errichtet.

S. 1 In der Medina von Tunis: Die weißen Mauern und die strahlend blauen Fensterläden sind typisch für ganz Tunesien, ebenso wie die zahllosen Minarette.

S. 2/3 Auf Cap Bon liegen die punisch-römischen Steinbrüche von Ghar el-Kebir.

S. 4/5 Im Süden Tunesiens ist die Dattelpalme die wichtigste Nutzpflanze: die Früchte sind Nahrungsmittel, die Blätter dienen als Flechtwerk, der Stamm wird als Bauholz genutzt.

S. 6/7 Der Name der Region Crumiria an der Grenze zu Algerien rührt von den ersten Bewohnern her, den Khrumir, räuberischen Stämmen.

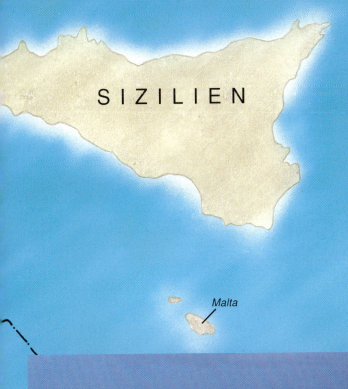

SIZILIEN

Malta

Links oben *Das Bild zeigt eine typische Landschaft Südtunesiens: Palmen in der Nähe einer Quelle.*

Links unten *Vom Minarett der Großen Moschee von Sousse aus ist der Ribat, eine Klosterburg aus dem 9. Jahrhundert, deutlich zu erkennen.*

Rechts oben *In Sbeitla befinden sich die Überreste des Kapitolstempels und des Antoninus-Pius-Bogens.*

Rechts unten *Mahdia, ein kleiner Fischerhafen etwa 60 Kilometer südlich von Sousse.*

S. 12/13 *Eine traditionelle Hochzeit auf der Insel Djerba.*

S. 14/15 *Das Städtchen Tabarka besitzt einen wunderschönen natürlichen Hafen, der bereits von den Karthagern genutzt wurde.*

S. 16 *Jenseits des kleinen Golfes von Kelibia erheben sich die weißen Häuser der gleichnamigen Stadt. Eine Festung aus dem 6. Jahrhundert überragt den malerischen Hafen Heute ist Kelibia ein bedeutendes Fischereizentrum.*

DJEZIRET EL-MAGHREB – INSEL DES WESTENS

Noch liegen die Schatten der Nacht über dem Badeort HAMMAMET an Tunesiens Ostküste. In der Medina, der Altstadt, sind die ersten Menschen bereits unterwegs zur kleinen Moschee, auf deren Eingangstor ein verblichenes Plakat »Ungläubigen« den Zutritt zum Gotteshaus verwehrt. Einer Klangwolke gleich schwebt die Stimme des Muezzin über den schmalen Gassen, durchdringt die verschlossenen Fensterläden und weckt die letzten Langschläfer zum ersten Gebet. Während die tunesischen Muslime das Tagwerk beginnen, ziehen die europäischen Diskoschwärmer in den Hotelzonen nördlich und südlich des Städtchens die Vorhänge zu und begeben sich zur wohlverdienten Ruhe.

An der 1300 Kilometer langen Küstenlinie Tunesiens hat der Badetourismus unübersehbare Spuren hinterlassen, doch sind fast alle Hotels erstaunlich harmonisch der Umgebung angepasst: Gekrönt von tausend Kuppeln und Türmchen, reihen sie sich entlang der Sandstrände an- und hintereinander, blau-weiß gestreifte Sonnenschirme erwarten den Ansturm der Badenden, Spangen- Tuch-, Gebäck- und Eisverkäufer rüsten sich für die moralischen Anfechtungen, denen sie bei ihrem täglichen Gang zwischen halbnackten Sonnenanbetern ausgesetzt sind. Welten prallen an Tunesiens Stränden aufeinander: das »aufgeklärte«, moderne Europa und das traditionsverbundene Tunesien. Doch so unterschiedlich die Lebens- und Moralvorstellungen sein mögen – die Tunesier sind tolerant, weltoffen und bereit, ihren Gästen (fast) alles zu verzeihen. Umgekehrt sind Skepsis und vielleicht auch Angst vor den »fremdartigen« Einheimischen bei den meisten Tunesienbesuchern wie weggefegt, haben sie erst einmal Kontakt und damit Freunde gefunden, die ihnen die Rätsel und Wunder dieses faszinierenden Landes erklären.

Der Kontrast zwischen westlicher Zivilisation und den Traditionen einer islamischen Kultur ist nicht nur in den Hotelzonen sichtbar. Die Tunesier selbst, zumindest die Städter, balancieren auf einem Grat, auf dem sie das Beste beider Kulturen zu bewahren suchen. Tamagochis und Funktelefone erfreuen sich in TUNIS und SOUSSE ebenso großer Beliebtheit wie in Rom und Berlin, nabelfreie Hemdchen und knappe Stretchkleider haben längst die Herzen junger Tunesierinnen erobert, auch wenn ihre Eltern und Brüder dies nicht gerne sehen, und nach Arbeitsschluss stürmen Männer wie Frauen in die überall aus dem Boden sprießenden Fit-

nesscenter und Diskotheken. Nur im Süden und im Landesinneren scheint die Zeit noch stillzustehen – dort verhüllen *Sefsaris*, lange dünne Baumwolltücher, Körper und Gesicht der strenggläubigen Muslimas, treffen sich Bauern, Viehzüchter und Großhändler auf schattigen Wochenmärkten zum Feilschen und zum Austausch von Neuigkeiten, beladen Händler ihre Esel oder Dromedare, um mit ihrer Ware von Oase zu Oase zu ziehen. Doch auch hier halten die Errungenschaften der Neuzeit allmählich Einzug und vereinfachen das anstrengende Leben der Menschen: Wasserleitungen und elektrische Pumpen befördern das kühlende Nass in Häuser und Gärten, Asphaltstraßen dringen immer weiter vor in unzugängliche Gebirge und so mancher Nomadensohn hat sein edles Dromedar gegen einen mindestens ebenso edlen Landrover getauscht. Dies alles vollzieht sich in Tunesien ohne großen Aufhebens, ja fast unmerklich. Sich wechselnden Gegebenheiten anzupassen, Altes zu bewahren und Neues anzunehmen, haben die Tunesier in ihrer langen, wechselvollen Geschichte schließlich weidlich gelernt.

Im Zeichen fremder Mächte

Angefangen hat zumindest die in Legenden überlieferte Geschichte mit einem Zerwürfnis. Die phönizische Prinzessin Elyssa bekam Streit mit ihrem Bruder, dem König von Thyros. So sagte sie sich von ihrer Heimat los, bestieg mit einigen Getreuen ein Schiff und segelte nach Westen. An der nordafrikanischen Küste gingen die Exilanten vor Anker und gründeten im Einverständnis mit dem dort lebenden Volk der Numider im Jahre 814 v. Chr. die Stadt KARTHAGO. Bereits zweihundert Jahre später war die Siedlung zu einer mächtigen Metropole angewachsen, die in Konkurrenz mit ihren ehemaligen phönizischen Landsleuten und den Griechen den Mittelmeerhandel beherrschte. Ihr Einflussbereich reichte weit nach Sizilien und bis ins nördliche Spanien; ihre Schiffe segelten gen Norden bis Schottland, wo wertvolles Erz geladen wurde; Forschungsexpeditionen passierten die Straße von Gibraltar und umfuhren die westafrikanische Küste, ja sie sollen, glaubt man Berichten griechischer Historiker, sogar bis ans Kap der Guten Hoffnung vorgedrungen sein.

Soviel Macht und Reichtum war der zweiten jungen Nation am Mittelmeer ein Dorn im Auge: Roms Truppen und Flotten lieferten sich drei große Kriege mit den Puniern, wie sie die Einwohner KARTHAGOS nannten; zweimal siegten die Römer, doch immer wieder bäumten sich die Nordafrika-

Oben *Tamerza, nördlich des Chott el-Gharsa, ist eine alte Bergoase, die bereits von den Römern als Grenzposten genutzt wurde. Heute ist der Ort von den Bewohnern verlassen. Tamerza bildet den Mittelpunkt einer beeindruckenden Schluchtenlandschaft, in denen sich die Wasser der Queds (Flüsse) sammeln. Oberhalb der Schlucht liegt eines der schönsten Hotels Tunesiens.*

Unten *Überall in Tunesien trifft man auf weißgekalkte Gebäude mit einer Kuppel. Es sind die Gräber von heiligen Männern, den Marabouts. Die Mausoleen, ebenfalls Marabouts genannt, sind meist offen und jedermann zugänglich. Das Innere ist schlicht, nur ein gemauerter Sarkophag ist dort untergebracht. Bis heute werden die Marabouts verehrt, der Glaube an ihre Wundertätigkeit besteht fort, und selbst die Grabstellen verlassener Dörfer werden weiter gepflegt.*

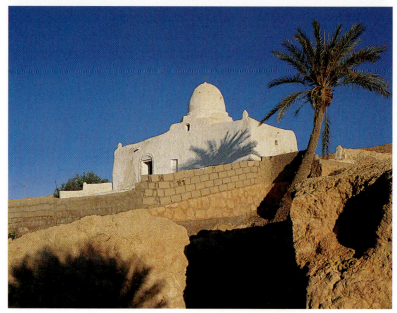

Oben *Der Norden Tunesiens ist, vor allem an der Grenze zu Algerien, von Hügeln und Bergen mit Sträuchern und Wäldern geprägt. Der Atlas mündet in sanfte rebenbewachsene Hänge und in weite fruchtbare Ebenen.*

Unten *In der Küstenregion im Norden erinnert die Landschaft an Südeuropa: Felder mit Getreide und Gemüse, Obst- und Olivenhaine prägen das Land.*

ner auf. Erst im Dritten Punischen Krieg vollendete der Feldherr Aemilianus Scipio gründlich sein Werk: 146 v. Chr. brannte KARTHAGO, und eine der blühendsten Zivilisationen des Mittelmeers war vom nordafrikanischen Boden getilgt. Zunächst zaghaft, später, als die Ressourcen des fruchtbaren Landes erkannt waren, mit Elan, machten sich Römer an den Aufbau der neuen Kolonie. »Kornkammer Roms« wurde Tunesien damals genannt, denn was zwischen Mittelmeer und dem Gebirgszug der DORSALES an Weizen und ölhaltigen Oliven geerntet wurde, wanderte in die Vorratskammern des Reiches. Noch heute, fast zweitausend Jahre danach, legen die Ruinen von KARTHAGO, DOUGGA und BULLA REGIA Zeugnis ab vom unermesslichen Reichtum der römischen Provinz »Africa«. Nach deren Niedergang im 3. und 4. Jahrhundert folgten Vandalen und Byzantiner, doch die große Wende brachte im 7. Jahrhundert der Islam.

Im Jahre 670 gründete der arabische Feldherr Oqba ibn Nafi in Zentraltunesien die erste islamische Stadt, KAIROUAN. Binnen weniger Jahrzehnte hatten die islamischen Krieger vom saudi-arabischen Mekka aus zunächst Arabien und den Nahen Osten erobert und ihren Siegeszug in Nordafrika fortgesetzt. Die einheimischen Stämme, nennen wir sie nun mit dem heute noch gültigen Sammelbegriff »Berber«, wehrten sich gegen die neuen Herren und deren Religion, viele zogen sich in Gebirgsregionen zurück, doch schließlich folgten die meisten dem grünen Banner, der Fahne des Islam. Um 800 betrat das erste große muslimische Fürstengeschlecht die Bühne Tunesiens: die Aghlabiden. Sie schmückten KAIROUAN und TUNIS, das sich, unweit vom antiken KARTHAGO gelegen, allmählich zur Königsstadt mauserte, mit kraftvoll-strengen Mauern, Moscheen und Festungen und befriedeten das Land. Hundert Jahre später stießen die Fatimiden sie vom Thron, erwählten MAHDIA, die Stadt des Mahdi, des »Gotterwählten«, zur Hauptstadt und verordneten Tunesien den schiitischen Glaubenszweig des Islam. Es blieb beim kurzen Intermezzo – kaum hatten die Fatimiden ihren Eroberungszug nach Osten, in Richtung Kairo, fortgesetzt, kehrte Tunesien zum alten, sunnitischen Islam zurück.

Um 1050 drangen arabische Nomaden von der Cyrenaika kommend in Tunesien ein. Das Heer der Viehzüchter überflutete das Berberland, zerstörte Felder und Siedlungen, unterjochte die einheimischen Stämme. Sie kamen, so erzählt der tunesische Gelehrte Ibn Khaldoun etwa 300 Jahre später, auf Anordnung der Fatimiden aus Kairo, als Rache für die Abkehr der Tunesier vom »richtigen« Glauben. Diese Einwanderungswelle arabischstämmiger und -sprachiger Menschen sollte tiefgreifende Folgen haben. Die

Völker vermischten sich, gingen durch Eroberung oder Eheschließungen ineinander auf, arabische Kultur und Sprache setzten sich gegen die Berberdialekte der Einheimischen durch. Heute gibt es in Tunesien nur noch knapp 50 000 Berber, der Rest ist arabisiert.

Ab dem 13. Jahrhundert erlebte Tunesien eine zweite Zuwanderung Fremder, die das Land auf friedliche Art veränderten: Das muslimische Spanien, erobert zwischen 710 und 722, wurde nach und nach von christlichen Soldaten »befreit«, die Muslime flüchteten nach Nordafrika; in Tunesien wurden die Andalusier – begnadete Baumeister, Handwerker und Wissenschaftler – vom Herrschergeschlecht der Hafsiden mit offenen Armen aufgenommen. Durch diese Einwanderer erlebten Baukunst, Landwirtschaft und Geistesleben eine Blütezeit.

Doch auch den Hafsiden war kein langes Glück beschert. Das Reich zerfiel, in den Hafenstädten wie BIZERTE, HAMMAMET und auch auf DJERBA nisteten sich Korsaren ein, muslimische Piraten, die Unterstützung vom Osmanischen Reich genossen. 1574 schließlich griffen die Türken nach Nordafrika. Tunesien hatte wiederum einen neuen Herren, dessen Statthalter, die Husseiniten, das Land erneut mit Prunkbauten schmückten. Bis zum Ende des 19. Jahrhunderts währte diese Phase, gekennzeichnet durch Verschwendung einiger weniger und bittere Armut der großen Mehrheit. Schließlich marschierten 1881 französische Truppen ein.

Tunesien erhielt Anschluss an die moderne Welt: die Franzosen bauten Straßen und Eisenbahnen, sie errichteten einen Cordon moderner Viertel um die alten Medinas, und sie enteigneten Grund und Boden. Der Widerstand gegen die neue Ausbeutung regte sich früh, doch erst 1934 bekam er mit Habib Bourguiba einen charismatischen Führer, den Frankreich flugs im Gefängnis und Exil verschwinden ließ. Im Zweiten Weltkrieg erlitten die Menschen den Durchmarsch deutsch-italienischer wie amerikanisch-britischer Verbände, und 1956 war dann endlich die langersehnte Unabhängigkeit da, Habib Bourguiba wurde als erster Präsident der Republik vereidigt.

Erstaunlich war der Fortschritt, den Bourguiba seinem in islamischen Traditionen verharrenden Land verordnete – das Verbot der Polygamie, die zivile Scheidung (im Gegensatz zur bis dahin üblichen Verstoßung der Frau durch den Mann), Gleichberechtigung der Geschlechter wurden in der Verfassung verankert. Ein Desaster allerdings seine staatlich gelenkte Wirtschaftspolitik. Seit sein Vizepräsident Ben Ali am 7. November 1987, dem Tag der »Nelkenrevolution«, die Zügel an sich riss und den »Alten« in Pension schickte, geriet

Unten *Der Ksar Ouled Soltane in Südtunesien in der Nähe von Chenini entstand im 15. bis 19. Jahrhundert. Ein Ksar wurde von Halbnomaden angelegt und diente als festungsartiger Speicher für die Ernte und die sonstigen Habseligkeiten. Der Ksar Ouled Soltane wurde um zwei Innenhöfe errichtet und die Ghorfas, die lehmgemauerten Gewölbe, werden zum Teil bis heute genutzt.*

Rechts oben *Die Kerkennah-Inseln sind der Küste bei Sfax vorgelagert und leicht mit der Fähre erreichbar. Die beiden Hauptinseln Gharbi (im Westen) und Chergui (im Osten) wurden bereits durch die Römer mit einem Damm verbunden. Seit jeher war der Fischfang Existenzgrundlage der Menschen, erst in den letzten Jahren liefert der Tourismus zusätzlich Arbeitsplätze.*

Rechts unten *Die kleinen Fischerboote auf den Kerkennah-Inseln sind oft noch nicht mit einem Motor ausgestattet und werden wie seit Jahrhunderten unter Segel gefahren.*

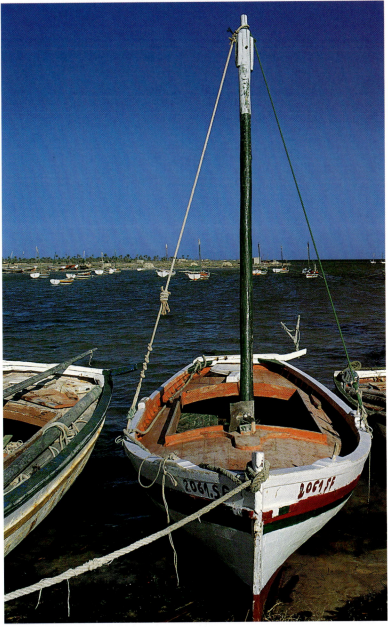

in Tunesien vieles zum Besseren. »Wirtschaftswunderland« wird es genannt, säumigen Schuldnern der Dritten Welt als Vorbild hingestellt, den meisten Tunesiern geht's trotz hoher Arbeitslosigkeit gut. Wohlstand und innere Sicherheit – von den gefürchteten islamischen Eiferern in Tunesien keine Spur – werden mit rigider Überwachung und einem oft überreagierenden Polizeiapparat bezahlt. Der fremde Gast merkt nichts davon; in Tunesien ist er sicher wie in Allahs Schoß.

Küsten, Steppen und Oasen

Im Norden und Osten wird Tunesien vom Mittelmeer begrenzt, im Westen und Südosten liegen Algerien und Libyen, angesichts der bürgerkriegsähnlichen Zustände bei dem einen und der Unberechenbarkeit des anderen sicher keine angenehme Nachbarschaft. Der Atlas, der von Marokko ausgehend durch das nördliche Algerien zieht, schlägt in Tunesien einen großen, nach Südosten gerichteten Bogen und bildet hier die Grenze zwischen fruchtbarem Land im weiten Becken des Flusses MEDJERDA und der Steppen- und Wüstenregion weiter südlich. DORSALES, der Rücken, nennen die Tunesier dieses Gebirge, dessen höchsten Gipfel mit 1544 Meter der DJEBEL CHAMBI bildet.

Die Nordküste präsentiert sich mit reichen Korallenbeständen im glasklaren Meer als Eldorado für Schnorchler und Taucher. Hafenstädte wie BIZERTE mit seinem alten Andalusierviertel aber auch das moderne, französisch geprägte TABARKA ruhen auf antiken Fundamenten aus Römerzeit; dichte Korkeichenwälder, in denen Wildschweine und Rotwild leben, umrahmen einsame Felsstrände, kleine Weiler und den schönsten und modernsten Golfplatz Tunesiens, mit dem TABARKA Freunde des grünen Sports an seine Küsten lockt.

In einer tiefen Bucht, begrenzt vom zeigefingerförmigen CAP BON im Osten und den Vorgebirgen des CAP GAMMARTH im Westen breitet die Hauptstadt TUNIS ihre Vororte wie Krakenarme aus: In ihrem Zentrum steht eine der faszinierendsten Medinas Nordafrikas: Groß genug, um einen unvergesslichen Eindruck vom arabischen Markt- und Handelsleben zu bieten, doch zugleich so übersichtlich, dass jeder sie auf eigene Faust erkunden kann, reihen sich im Umkreis der Ölbaummoschee Parfumhändler und Teppichboutiquen, Eisenwarengeschäfte und Goldschmiede aneinander, hämmern und feilschen Handwerker und Händler in den schmalen, überwölbten Gassen um die Wette. Ehemalige Paläste und großbürgerliche Häuser, heute als Museen zugänglich, zeigen in kunstvollen Stuckaturen und majolikageschmückten Wänden Wohntraditionen der osmanischen Epoche; kleine Cafés und mondäne Restaurants verwöhnen den Gaumen mit dem Zauber der orientalischen Kochkunst. Vor den Toren der Stadt, im Villenvorort CARTHAGE, wird in den Ruinen römischer Thermen und im geheimnisvollen Dämmerlicht der punischen Kultstätten plötzlich die Antike wieder lebendig.

Die kilometerlangen Sandstrände entlang des östlichen Küstenstreifens bieten die idealen Bedingungen für erholsamen Badeurlaub. Folgerichtig liegen hier die großen Tourismuszentren im Schatten einst mächtiger Städte wie SOUSSE und MONASTIR. Im Hinterland dominieren uralte knorrige Olivenbäume das Landschaftsbild: Von HAMMAMET im Norden bis SFAX in Mitteltunesien reichen die uniformen Plantagen dieser alten Kulturpflanze; einem stummen Heer gleich in regelmäßigen Abständen gesetzt liefern sie wertvolles Öl für die Küche des Mittelmeers. Sahel, das Ufer, wird dieser bis zu 100 Kilometer breite Streifen entlang des Mittelmeers genannt. Früher sorgte ebendieses Öl für den Reichtum seiner Städte SOUSSE, MAHDIA und SFAX; heute kämpfen die Olivenbauern ums Überleben und gegen die Konkurrenz europäischer Anbieter wie Griechenland und Spanien. Nach Westen gehen die Olivenpflanzungen über in die monotonen Steppengebiete Zentraltunesiens. Halfa, ein zähes, gelbliches Gras, bildet den einzigen Rohstoff für die Menschen, die früher als Nomaden durch die Region zogen. Heute sind die meisten sesshaft geworden, leben in und am Rande so ehrwürdiger Städte wie KAIROUAN oder so desolater Siedlungen wie MAKTAR und SBEITLA.

Mitten in der Einöde künden die Minarette der Moscheen von KAIROUAN vom Ruhme Allahs. »Die heilige Stadt« wird KAIROUAN genannt, mit sieben Wallfahrten hierher lässt sich die kostspielige Hadj nach Mekka ersetzen. Die Heilige trägt ihre schönsten Gewänder, die Mauern der Medina, die Brunnen und Marktgassen, die vielen kleinen und großen Moscheen – sie alle scheinen einer anderen Zeit, einem anderen Landstrich entsprungen als die große Schwester TUNIS, sie alle besitzen eine Strenge, die der leichtlebigen Metropole fehlt. Arabische Straßenschilder, verschleierte Frauen, vorwurfsvolle Blicke in das Auge der Kamera – KAIROUAN scheint die Ernsthaftigkeit seinem Ruf und seiner Geschichte schuldig zu sein. Spätestens im Zentrum des Glaubens, in der von Oqba ibn Nafi gegründeten Moschee, spüren auch jene, die nicht zu Allah beten, welche Kraft der muslimischen Architektur innewohnt. Ein wuchtig-elegantes Minarett überragt den von Arkadenbögen

Oben und rechts *Die Frauen der Insel Djerba verhüllen ihren Kopf mit dem traditionellen Schleier und einem Strohhut zum Schutz vor dem Wind, der hier zu jeder Jahreszeit weht. Die Insel hat sich in den letzten Jahren stark verändert. Der Tourismus hat Djerba im Sturm erobert, es wurden Dutzende von Hotels und Feriendörfern errichtet und auch die Hauptstadt Houmt Souk ist nicht mehr das beschauliche Dorf von einst, sondern eine kleine Stadt geworden. Geblieben ist der Souk, der Markt, mit seinen zahllosen Ständen und kleinen Läden auf den Plätzen und in den Gassen. Hier wird alles angeboten, was die Insel hervorbringt, neben landwirtschaftlichen Produkten vor allem Töpferwaren. Das Zentrum der Produktion von Tonwaren ist Guellala, ein Ort, wo sich die Häuser hinter Brennöfen und Haufen von zerbrochenen Tonwaren verstecken.*
Djerba ist die mythische Heimat der Lotophagen. Odysseus landete hier nach dem Endes des Trojanischen Krieges. Die Lotophagen, die Lotosesser, bewirteten einige seiner Gefährten mit der berauschenden Frucht, die ihnen zum Verhängnis wurde.

S. 24/25 *Etwa 60 Kilometer südöstlich von Tunis liegt Thuburbo Majus, nach Karthago eine der wichtigsten römischen Ausgrabungsstätten. Ursprünglich eine punisch-numidische Siedlung, ließen sich hier im 1. Jahrhundert v. Chr. römische Veteranen nieder. Später erhielt der Ort römisches Stadtrecht und sogar den Rang einer colonia. Die Palästra der Petronier bei den Sommerthermen diente den jungen römischen Männern, sich im Ringkampf und anderen Sportarten zu messen.*

gesäumten, schlichten Innenhof und im Dämmerlicht des Gebetssaals verschmelzen antike Säulen aus dem römischen KARTHAGO harmonisch mit Stuckaturen und Schnitzereien muslimischer Künstler.

Von der Industrie- und Hafenstadt SFAX nach Süden werden die Vorboten der nahen Sahara immer deutlicher: die ersten, kleinen Palmengärten, weite, öde Flächen, und je weiter südlich man kommt, desto mehr drängen sich Sanddünen in den Vordergrund. Noch einmal locken Badefreuden, auf der von Homer besungenen Insel der DJERBA. Hier verführten die Lotophagen Odysseus Männer zu ewigem Rausch. Heute ist DJERBA fest in den Händen der Sonnenhungrigen aus Mitteleuropa. Und dennoch ist die Insel, umringt von Ketten hübscher Hotels und Ferienanlagen, in ihrem Herzen traditionell geblieben. Sie ist eine der letzten Bastionen der Berber, die das flache Innere bestellen und sich vor dem Ansturm der Fremden in wehrhaften Gehöften verkriechen. Hier liegt auch das bedeutendste Heiligtum der nordafrikanischen Juden, deren Gemeinden in vielen tunesischen Städten leben: die Synagoge La Ghriba. Ein wundersamer Meteoriteneinschlag habe, so berichtet die Legende, den Gläubigen diesen Ort für den Bau ihres Gotteshauses bezeichnet.

Bevor man das Land der Luftspiegelungen und Oasen erreicht, sind schroffe Gebirge zu durchqueren, das MATMATA-BERGLAND und südlich anschließend das DAHAR, in dem einige Berberstämme Tunesiens in Höhlenwohnungen und unterirdischen Hausburgen leben, wo mächtige Festungen, *Ksour*, aus Lehm und Bruchsteinen wie Adlernester von den Höhen blicken und wo auf Wochenmärkten und in den engen Gassen der Souks ein jahrhundertealtes Leben seinen Gang geht, als gäbe es keinen Fortschritt in der Welt. Nach Westen schlagen die Sanddünen des Großen Östlichen Erg gegen die Barriere des DAHAR, lecken vorwitzig in schmale Täler hinein, aber ihre wahre Schönheit entfalten sie erst weit draußen, dort wo der Horizont nur aus honiggelbem Sand zu bestehen scheint. Doch auch diese Region hat ihre natürlichen Grenzen – in Tunesien sind es die trügerischen Salzseen, Schotts genannt. Einst erlebten Kara ben Nemsi und sein treuer Halef die tollkühnsten Abenteuer in dieser Einöde, heute reihen sich Oasenstädte wie Perlen entlang der bleifarbigen Ufer der Salzseen auf: TOZEUR ist sicher die schönste unter ihnen – mit einer an den Jemen erinnernden Ziegelarchitektur, mit dem kühlenden Schatten immergrüner Oasengärten und mit ihren Datteln, den »Fingern des Lichts«, die nur an der Grenze zwischen Wasser und Wüste zur Vollkommenheit reifen.

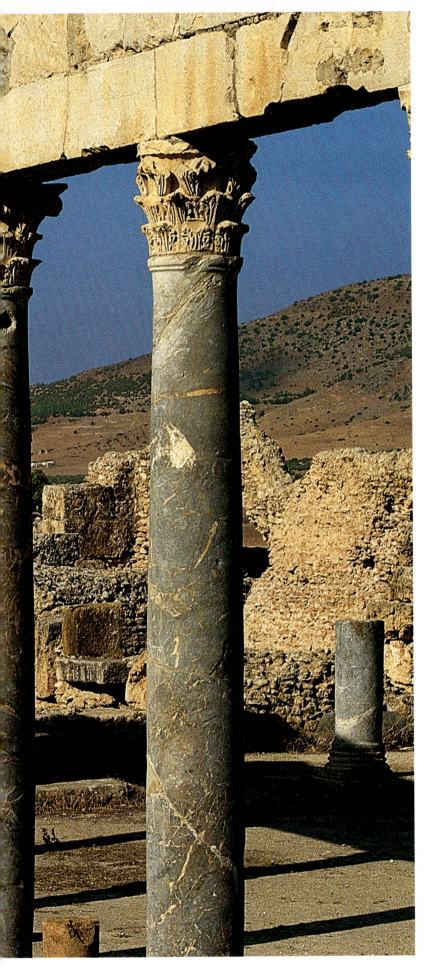

Nähen für Europa

Über eine Million Dattelpalmen wird in der Schott-Region gepflegt, bewässert, von Hand befruchtet und die Früchte werden schließlich in ebenso mühsamer Handarbeit geerntet. Seit Jahrhunderten sind die Datteln der wichtigste Wirtschaftsfaktor der Region; doch Ende des 20. Jahrhunderts überrundet sie der Tourismus. TOZEUR, NEFTA, DOUZ – alle setzen sie Hoffnungen auf die abenteuerlustigen Gäste aus Europa; zahllose Hotels wurden in der Wüste aus dem Boden gestampft, anspruchsvolle Museen wie das Dar Cherait in TOZEUR oder das Volkskundemuseum in DOUZ eröffnet, das Ausflugsprogramm um Ballonflüge, Kameltrekking und Schottsegeln bereichert. Doch bleibt vom großen Einsatz in Tunesien überraschend wenig hängen – denn die Devisen, die Touristen ins Land bringen, müssen teilweise für die Einfuhr von Luxusartikeln für die Fremden wieder ausgegeben werden. Immerhin hatten 1996 über 70 000 Menschen in Hotels und Restaurants Arbeit gefunden, und etwa dreimal so viele verdienen indirekt am Tourismus – als Teppichknüpfer, Taxifahrer oder Strandverkäufer.

Der Dienstleistungssketor ist mit 53 Prozent des Bruttoinlandsproduktes Tunesiens wichtigstes Standbein, und die Produktion von Kleidung steht dabei an erster Stelle. In Fabriken und Lagerhallen nähen Tunesierinnen Kostüme und Blusen, T-Shirts und Jeans für namhafte Marken aus Europa. Industrie und Landwirtschaft folgen an zweiter und dritter Stelle. Letztere wurde lange vom Staat vernachlässigt, doch heute besinnt sich die Politik auf den Reichtum, den Weizen, Früchte und Öl ihrem Land in seiner langen Geschichte eingebracht haben.

Traditionen im Zeichen des Islam

Seit 670 leben Tunesiens Völker nach den Gesetzen Allahs, die Erzengel Gabriel dem Kaufmann Mohammed im arabischen Mekka offenbarte. Die überlieferten Gottesworte haben der Prophet und seine Getreuen im heiligen Buch Koran für die Nachwelt zusammengefasst und in 114 Suren gegliedert. Fünf Gebote, die »Säulen des Islam« regeln verbindlich den Alltag der Gläubigen: Sie sollen fünfmal täglich beten, einmal im Leben eine Wallfahrt (*hadj*) nach Mekka unternehmen, im Monat Ramadan fasten, Almosen geben und sich zu Allah als dem einzigen Gott bekennen. Im modernen Tunesien werden die Vorschriften nicht immer mit dem gebührenden Eifer verfolgt, doch am Fasten rütteln die wenigsten: Im Ramadan verzichten sie von Sonnenauf-

bis -untergang auf Essen und Trinken. Dafür wird dann bis spät nachts getafelt und gefeiert.

Aus vorislamischen Zeiten haben sich vor allem auf dem Land viele abergläubische Vorstellungen erhalten, so wie die vom Bösen Blick. Der droht von übelwollenden Zeitgenossen, und man begegnet der Gefahr mit allerlei Schutzzauber wie der »Hand der Fatima«. Sie wird nicht nur aus Silber zu einem hübschen Schmuckanhänger geschmiedet, sondern auch mit Henna auf Gesicht und Hände gemalt oder zur Keramik gebrannt und über den Türpfosten gehängt. In ländlichen Gebieten bewahrt man Haus, Hof und Getreide mit Widderhörnern vor üblen Einflüssen – übrigens ein Zauber, den bereits die Punier schätzten. Und wenn sich eine Frau vom starren Auge der Kamera oder dunklen Sonnenbrillengläsern bedroht fühlt, hebt sie abwehrend die Hand gegen das Böse.

In zahlreichen Festen werden die Traditionen und Trachten Tunesiens am Leben erhalten. Beduinen mit schlanken Jagdhunden und eleganten Reitkamelen wetteifern beim Festival du Sahara in DOUZ um die Gunst der Gäste, während in SOUSSE beim Festival d'Aoussou in karnevalsähnlichen Umzügen der Stadtpatron, ein heiliger Mann des Islam, ausgelassen gefeiert wird. In CARTHAGE und HAMMAMET treffen sich Künstler und Literaten zu Symposien über arabische Dichtkunst, oder es werden Theatervorstellungen und Konzerte in der Kulisse antiker Theater aufgeführt. Zahllose Festtage führen die Gläubigen zu dem Marabout (dem Grab) eines Heiligen, von dem sie sich Linderung ihrer Leiden, Wohlstand oder Kindersegen erhoffen.

Mediterraner Blütenzauber und die Kargheit der Wüste

Kaskaden blühender Bougainvillea umhüllen Zäune und Mauern von SIDI BOU SAID und HAMMAMET, Weinreben ziehen sich entlang der sanften Hänge des CAP BON, wehrhafte Hecken von Agaven und Opuntien schützen Felder und Vieh auf DJERBA, und im Süden breiten Dattelpalmen ihr schattenspendendes Blätterdach über winzige Gärten, in denen die Oasenbauern Zitronen, Granatäpfel, Tomaten, Pfefferminze und Henna kultivieren. Eine reiche, mediterrane Flora im Norden steht den wüstenangepassten Pflanzen am Rande der Sahara gegenüber. Die Tierwelt ist allerdings längst den Menschen zum Opfer gefallen. Von Löwen, Geparden und Giraffen, die Roms Mosaikkünstler auf Fußböden verewigten, keine Spur! In Nationalparks versucht man nun, die Überlebenden zu schützen: Wasserbüffel

Die tunesische Küche bedient sich einer farbenfrohen Palette der verschiedensten Gewürze. Couscous ist das Nationalgericht, das auch in Algerien, Marokko und in Trapanien (Sizilien) verbreitet ist. Für die Zubereitung gibt es unzählige verschiedene Rezepte, die Grundlage ist jedoch immer Hartweizengrieß. Die tunesische Küche bietet auch andere besondere Gerichte: Tajine – ein Gratin aus Fleisch, Zwiebeln, Ei und Käse; Mouloukia – in einem besonders aromatischen Gewürz gegartes Fleisch; Chackchouka - gedünstete Paprikaschoten mit Ei; Brik – frittierter Blätterteig mit verschiedenen Füllungen.

Rechts oben *Geometrische und florale Motive bestimmen Kunst und Kunsthandwerk in Tunesien.*

Rechts unten *Das typische Schmuckstück der Berber besteht aus Silber mit reliefartigen Verzierungen aus Silberdraht. Dieses Stück ist mit Kugeln und Anhängern aus Edelkoralle von den Küsten Nordtunesiens geschmückt. Der Entwurf und die manuelle Fertigung der Schmuckstücke war seit jeher Aufgabe von Handwerkern, die jüdischen Gemeinden angehörten.*

S. 28/29 *Die weiße Moschee von El Kef, im Norden Tunesiens, in der Nähe der römischen Ruinen von Maktar, liegt am Hang eines Hügels und wird vom mächtigen Profil einer Kasbah dominiert. Die Tore und Mauern entstammen unterschiedlichen Perioden und der Kern der Anlage geht auf eine türkische Moschee zurück, die im Jahr 1679 zum Teil von Mohammed Bey errichtet wurde. Zum Bau der Moschee wurden antike römische und byzantinische Monumente als Steinbruch genutzt.*

S. 30/31 *Das Kolosseum von El Djem ist zwar nicht so groß wie das in Rom, aber gleichermaßen beeindruckend. Es befindet sich im Zentrum von El Djem, einer kleinen Ortschaft nahe Kairouan und wurde unter Gordian nach seiner Ernennung zum Kaiser 328 n. Chr. errichtet. Obwohl das Monument später auch als Steinbruch diente, gibt es heute nach grundlegenden Restaurierungsarbeiten einen sehr guten Eindruck von der ursprünglichen Anlage.*

S. 32/33 *Das Mausoleum von Habib Bourguiba, dem ersten Staatspräsidenten der Republik Tunesien, wurde in seinem Geburtsort Monastir errichtet.*

haben am LAC ICHKEUL in der Nähe BIZERTES ein Refugium zwischen Tausenden von Zug- und Wasservögeln gefunden, Mähnenschafe und Berggazellen wurden am DJEBEL CHAMBI unter Naturschutz gestellt, und unweit von GAFSA werden Strauße gezüchtet, um irgendwann wieder ausgewildert zu werden. In den menschenleeren Steppen und Wüstengebieten sieht der Reisende vielleicht den kleinen Wüstenfuchs *fennek* über die Straße flitzen. Auch Schakale schätzen die Einöden Zentral- und Südtunesiens; in der Nähe menschlicher Siedlungen stöbern sie nach verwertbaren Abfällen, und nachts ist ihr Jaulen noch kilometerweit zu hören. Schlangen und Skorpione, die steinige Landschaften lieben und ihrer Umgebung in Farbe und Gestalt hervorragend angepasst sind, lässt man sich am besten im Zoo zeigen – nur Dromedare, die wahren Könige der Wüste, haben trotz motorisierter Konkurrenz immer noch ihren Auftritt – zumindest auf den Viehmärkten am Rande der Oasen. Indigniert verfolgen die edlen Tiere den Rummel um sich herum, gelangweilt lassen sie Touristen auf ihrem Höcker fürs Foto posieren – das Kamel, so sagen die Wüstenbewohner, ist das einzige Lebewesen, das Allahs hundertsten Namen kennt – daher seine Überheblichkeit und Arroganz gegenüber den Sterblichen, die Gott nur mit 99 Namen preisen können.

Im Garten Allahs

Tunesien ist reich an landschaftlicher Schönheit und Kultur, doch kann sich nichts mit den Stimmungen messen, die die vielfältigen Formen und Farben der Wüste hervorzaubern: frühmorgens, wenn die ersten Sonnenstrahlen die blassen Sanddünen mit einem orangeroten Schleier überziehen, am Mittag, wenn das grelle Licht des Tagesgestirns die Schatten an den Berghängen in schwarze Klüfte und Höhlen verwandelt, abends, wenn die Dämmerung Kuppeln und Minarette der Oasen am Horizont mit Rot und Violett bepinselt, und nachts, wenn der Mond sein Silber über die schweigende Wüstenwelt versprüht. Die Wüste, so erzählen die Menschen, ist der Garten Allahs. Er hat sie erschaffen, um ungestört lustwandeln zu können.

VOM MITTELMEER BIS ZUR SAHARA

Links An der Nordküste Tunesiens, in der Nähe von Tabarka, findet man die einsamsten und schönsten Sandbuchten, die allerdings oft nur zu Fuß erreicht werden können.

Unten Die tunesische Landschaft ist nicht überall trocken und unfruchtbar. Vor allem am Fuß der Berge zur Grenze Algeriens gedeihen Reben, wird Getreide angepflanzt und ist üppiger Baumbestand anzutreffen.

Rechts Die Marabouts, Grabstätten heiliger Männer, sind Wallfahrtsstätten für viele Tunesier.

Das Meer gestaltet die Küste

S. 36/37 Die Küste im Norden Tunesiens mit ihren Felsenriffen und der oft wilden Brandung ist an vielen Stellen unzugänglich. Das Städtchen Tabarka, einer der wenigen Orte an diesem Küstenabschnitt, war bereits eine Handelskolonie der Phönizier und zur Zeit der Römer eine wichtige Hafenstadt. Später wurde Tabarka zu einem bedeutenden Zentrum für die Korallenfischerei, die fest in der Hand der genuesischen Familie Lomellini war. Der Sitz der Familie befand sich auf der kleinen Insel vor Tabarka, die 1741 vom Bey von Tunis eingenommen wurde. Zurückgeblieben ist nur die Ruine der Festung.

Links Das Kurbad Korbous auf der Halbinsel Cap Bon ist vom Land nur über eine steile und kurvenreiche Straße zu erreichen. Die heißen Quellen waren bereits den Puniern und Römern bekannt. Heute ist Korbous einer der bekanntesten Badeorte Tunesiens. Das Kurzentrum ist in einem ehemaligen Bey-Palast untergebracht, der sich außerordentlich reizvoll inmitten des modernen Stadtbilds und der wildromantischen Landschaft ausnimmt.

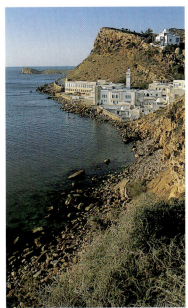

Oben links Die Thermen von Korbous helfen gegen viele Leiden wie rheumatische Krankheiten, Hautausschläge und Erkrankungen der Atemwege.

Oben rechts Noch immer bestimmen Fischerboote das Bild in den Häfen auf Djerba. Für den Fang von Tintenfischen benutzen die Fischer Tonkrüge, die mit Seilen auf dem Meeresboden ausgelegt werden. Die Tintenfisch nehmen diese gerne als neue Behausung an, die ihnen jedoch schnell zum Verhängnis wird, sowie der Fischer die Krüge wieder einholt.

Unten Karthago, heute ein nobler Vorort von Tunis, hat einst den Mittelmeerhandel beherrscht. Nach dem griechischen Historiker Timaios haben die Phönizier Karthago im Jahr 814 v. Chr. gegründet. Kriege um die Vormachtstellung im Mittelmeer beherrschen die Geschichte der Stadt, die im Jahr 146 v. Chr., im Dritten Punischen Krieg, durch die Römer zerstört wurde.

Rechts Vom antiken Karthago sind nur wenige Spuren geblieben, Aemilianus Scipio ließ die Stadt 146 v. Chr. dem Erdboden gleichmachen. Hundert Jahre später erbaute Cäsar auf den Ruinen Julia Carthago, die Hauptstadt der Provinz Africa. Vom punischen Karthago sind der künstlich angelegte Kriegs- und Handelshafen (unten im Bild) geblieben. Beeindruckend ist der Tophet, ein Friedhof, auf dem vermutlich die Neugeborenen beigesetzt wurden, die von den Phöniziern zu Ehren der Göttin Tanit geopfert wurden. Die am besten erhaltenen Überreste des römischen Karthago hingegen sind die Thermen des Antoninus, nicht weit in Richtung Sidi Bou Said. Im Nationalmuseum von Karthago auf dem Bysra-Hügel sind die Grabungsfunde ausgestellt.

Wüsten und Oasen

Links oben Am Rande der Wüste gibt es nur wenige Quellen und seit mit modernen Mitteln Wasserreserven in tieferen Schichten angezapft werden, sinkt der Grundwasserspiegel rapide.

Links unten Das Kamel ist das perfekte Wüstentier: Es hat die Fähigkeit, große Mengen von Wasser im Körper zu speichern, gegen Sand verschließbare Nüstern und dicke Hornschwielen an den Sohlen für jedes Gelände.

Mitte Palmen und Oasen sind selten in der Wüste und im gleichen Maße auch gefährdet. Wanderdünen bedrohen die Palmen und zuweilen ragen nur noch die Kronen aus dem Sand.

Oben Die Oase Ksar Ghilane erreicht man nur mit einem geländegängigen Fahrzeug. Der Ksar (wörtlich »befestigter Ort«) liegt etwa zwei Kilometer entfernt. Wahrscheinlich handelt es sich um eine ehemalige Festung des römischen Limes Tripolitanus, die später auch vom französischen Heer noch viele Jahre lang genutzt wurde.

Rechts oben Die Berbersprachen und die arabische Sprache verfügen – wie für die Kamele – auch für die Palmen über zahlreiche Namen und laut einem arabischen Sprichwort lohnt es sich nicht, ins Paradies zu kommen, wenn es dort keine Palmenoasen gibt.

Unten Im alten Teil von Gafsa sind die typischen Merkmale eines Berberdorfs noch zu erkennen. Das Herz der Stadt bilden, neben der Kasbah, die von hohen Mauern umgebenen römischen Wasserbecken. Die übrigen Stadtteile sind modern und orientieren sich an europäischen Vorbildern.

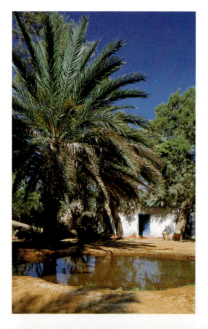

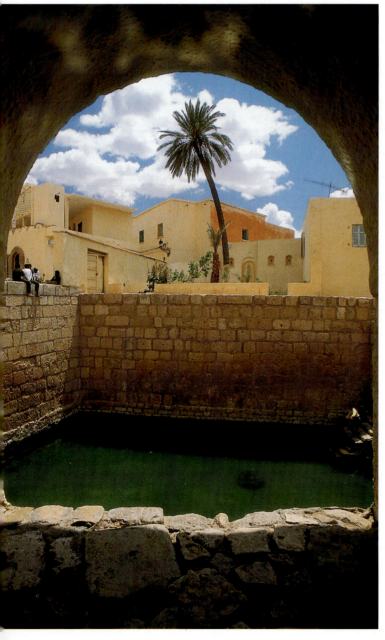

Oben Der Reichtum von Gafsa begründet sich in der Quelle. Die Römer haben zwei Hauptbecken in den Stein gehauen. Die Jungen von Gafsa springen von den zum Teil zehn Meter hohen Wänden ins Wasser, um nach Münzen zu tauchen, die von den Touristen in das Becken geworfen werden.

Rechts Die Oase von Gafsa gehört zu den schönsten in ganz Tunesien. Die Oase ist ein grünes Meer in der Wüste, über hunderttausend Dattelpalmen sowie Orangen, Zitronen, Aprikosen, Granatäpfel und Reben gedeihen hier. Am Rande wachsen Olivenbäume und Kakteen. Die Kakteen werden im Süden Tunesiens für Einfriedungen genutzt.

S. 46/47 Ein Bergdorf in der Nähe des großen östlichen Erg: Die tunesische Regierung hat zahlreiche Oasen neu erschaffen oder erweitern lassen – dies war nur mit den Mitteln künstlicher Bewässerung möglich.

Links oben Die Oase von Seldja erhebt sich über einer Schlucht entlang der Straße von Gafsa nach Tozeur. Durch die steilen und unzugänglichen Felswände wird die Oase zu einer natürlichen Festung.

Links unten Ksar Ouled Soltane ist einer der größten und am besten erhaltenen Ksour in Südtunesien. Er zählt Hunderte von Ghorfas, Gewölbekammern, die von den Nomadenvölkern als Getreidelager verwendet wurden. Die Ghorfas sind auf bis zu fünf Ebenen übereinander gebaut.

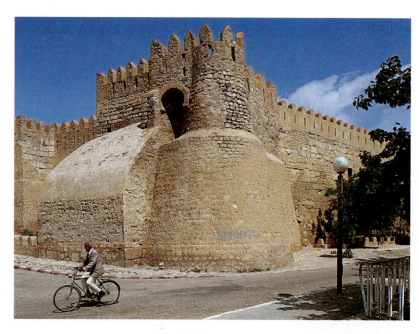

Rechts oben Die Festung von Gafsa wurde 1434 erbaut und 1943 durch eine Explosion teilweise zerstört. In der entstandenen Lücke hat man den Justizpalast errichtet.

Rechts unten Die Berglandschaft im Süden ist karg und unzugänglich. Und doch gedeihen Palmen und kleine Oasen geben den Menschen eine Existenzgrundlage.

S. 49 Die Ortschaft Chenini thront auf einem Hügel und die Bewohner sind gezwungen, Wasser und alles Lebensnotwendige auf ihren Berg zu tragen. Dennoch weigern sich viele, in das auf dem Talgrund angelegte Dorf Nouvelle-Chenini umzuziehen.

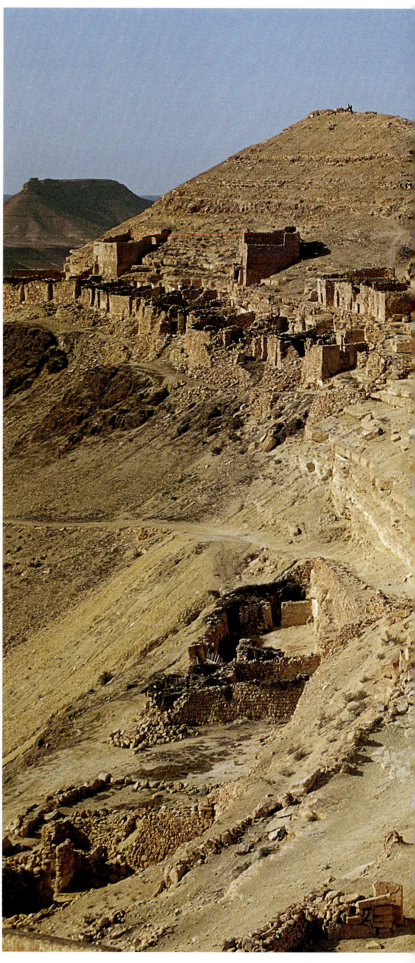

Oben Der Ksar von Médenine beherbergt um einen großen Platz herum die alten Ghorfas, die an einen Bienenstock erinnern. Ursprünglich nutzten die Beduinen die Ghorfas als Lebensmittellager, manchmal auch als Wohnraum – die Räume sind nur über Außentreppen zugänglich.

Rechts Von Chenini aus erreicht man den Berberort Guermessa. Auch in diesem Dorf finden sich Höhlenwohnungen.

Links Nördlich von Nefta und Tozeur liegt eine grandiose Berglandschaft, von wilden Cañons zerfurcht, wie hier in der Nähe der Oase von Tamerza an der Grenze zu Algerien.

Unten Die kleine weiße Moschee von Douiret wurde unterhalb einer Kalaa, einer »Festung«, aus dem 15. Jahrhundert errichtet. Der Ort ist erst seit kurzer Zeit verlassen.

Das grüne Land

Links Entlang der Straße, die von Tabarka nach Süden in Richtung Gafsa verläuft, befindet sich die bergige und fruchtbare Region von El Kef. Der Sommer ist durch das kühle Klima sehr angenehm; im Winter dagegen fallen die Temperaturen manchmal unter den Gefrierpunkt, nicht selten schneit es auch. Von den Phöniziern gegründet, wurde El Kef unter den Römern zur Kolonie Sicca Veneria und durchlebte eine Zeit des Aufschwungs und der Blüte.

Oben und Mitte Zwar wird das gesamte Gebiet um Haidra – wie auch andere Regionen in Nordtunesien – landwirtschaftlich genutzt, doch reicht die Erntemenge von Getreide, Weizen und Gerste nicht aus, um den Landesbedarf zu decken.

Unten Wenn man auf der Reise von Norden nach Süden die Ausläufer des Atlasgebirges passiert hat, wechseln sich fruchtbare Ebenen mit unfruchtbaren Hügeln ab. Kleine weiße Häuser unterbrechen eine Landschaft, die teils mit Pinien und Korkeichen, teils mit Feigenkakteen durchsetzt ist.

Oben Die sanfthügelige Landschaft von El Alia entlang der Straße von Bizerte nach Raf-Raf ist durch den Anbau von Oliven und Weinreben geprägt.

Mitte Die Gegend um Maktar, hier wird Getreide angebaut und Viehwirtschaft betrieben, ist an vielen Stellen wahrhaft idyllisch.

Unten In der grünsten Region Tunesiens findet man immer wieder Felder mit Alfagras. Das Gras wird zur Papierherstellung exportiert. Das Zentrum für den Anbau von Alfagras liegt in Thala, zwischen El Kef und Kasserine.

Rechts Der Ort Maktar wird bereits seit der Antike bewohnt. Die Franzosen haben in der Umgebung des Dorfes mit Beginn ihrer Herrschaft die Landwirtschaft gefördert.

ANTIKE STÄDTE AUF DEM WEG IN DIE ZUKUNFT

Oben Das Städtchen Mahdia war bereits zu Zeiten der Phönizier und Römer bewohnt, verdankt sein heutiges Erscheinungsbild aber dem ersten Kalifen der Fatimiden, Obeid Allah el-Mahdi. Er hat im Jahr 912 die Hauptstadt von Kairouan hierher verlegt und der Stadt seinen Namen gegeben. Auch in den folgenden Jahrhunderten war die Festung aufgrund ihrer strategischen Lage von Bedeutung – zunächst für die Araber, dann für Normannen und Türken.

Unten Zaghouan liegt am Fuß des 1295 Meter hohen Gebirgsmassivs Djebel Zaghouan. Von hier wurde Karthago und später Tunis über ein neunzig Kilometer langes Aquädukt mit Wasser versorgt. Die eigentliche Sehenswürdigkeit des Ortes liegt etwas außerhalb: die um 130 n. Chr. unter Kaiser Hadrian fertiggestellt Tempelanlage Nymphäum.

Rechts Sidi Bou Said, nicht weit von Tunis gelegen, erlangte durch ein Aquarell von August Macke Berühmtheit. 1914 hatte er mit seinen Kollegen Paul Klee und Louis Moilliet die für die Entwicklung des Expressionismus denkwürdige »Tunis-Reise« unternommen. Seit 1915 steht der gesamt Ort unter Denkmalschutz, wodurch er kaum bauliche Änderungen erfahren hat.

Tunis, das Tor Afrikas

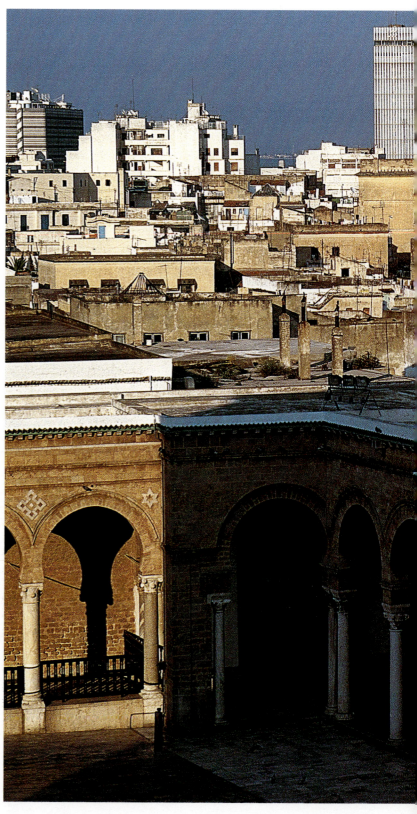

Unten Durch Bab el-Bahr, das »Tor des Meeres«, gelangt man in die Medina, die Altstadt, von Tunis. Die Mauern wurden 1950 abgetragen und so steht das Tor etwas unmotiviert auf der Place de la Victoire.

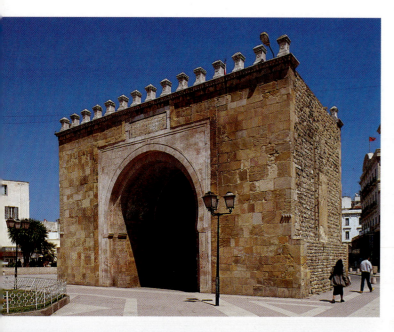

Links Die Moschee von Sidi Mahrez erinnert an türkische Vorbilder, eine für Tunesien untyische Bauweise. Sie wurde dem Patron von Tunis gewidmet, der in der Mitte des 10. Jahrhunderts gelebt hat und die erste Mauer um die Medina erbaut haben soll.

Oben Die Moschee ez-Zitouna im Zentrum der Medina von Tunis ist das älteste und ehrwürdigste Gebäude der Stadt. Die Große Moschee ist zugleich das zweitwichtigste Heiligtum der Muslime in Tunesien. An erster Stelle rangiert die Oqba-Moschee in Kairouan.

Rechts oben Das Minarett der Sidi-Youssef-Moschee hat einen achteckigen Grundriss, der typisch für die Bauherren der osmanischen Dynastie der Husseiniten ist.

Rechts unten Die Kathedrale Saint Louis wurde 1882 von den Franzosen gegenüber dem Theater errichtet. Sie ist Louis IX. gewidmet, einem später heiliggesprochenen König von Frankreich, der Tunis im Jahr 1270 vergeblich belagerte.

Rechts Der Palais d'Orient ist ein alter und berühmter Palast in der Medina von Tunis. Von der Terrasse bietet sich ein fantastischer Blick auf die Altstadt. Das Minarett im Hintergrund gehört zur Moschee ez-Zitouna.

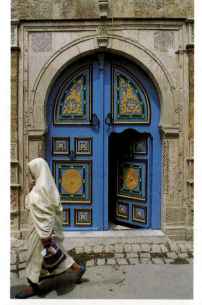

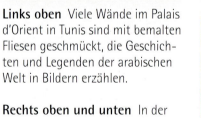

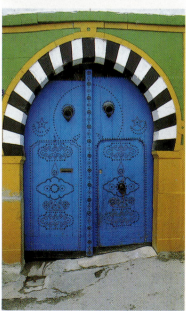

Links oben Viele Wände im Palais d'Orient in Tunis sind mit bemalten Fliesen geschmückt, die Geschichten und Legenden der arabischen Welt in Bildern erzählen.

Rechts oben und unten In der Medina von Tunis überraschen die Häuser durch ihre Vielfalt an Details, besonders Tore sind oft mit reicher Ornamentik geschmückt.

Links Die Neustadt von Tunis ist geprägt von Gebäuden im europäischen Stil, Geschäften mit europäischen Waren, Luxushotels, Restaurants und Cafés – darunter auch das beliebte Café de Paris. Hier spürt man den Einfluss Frankreichs, viele Häuser sind noch während der Besatzungszeit entstanden.

Unten Das Denkmal der Unabhängigkeit erinnert an den 30. Juni 1956, als Tunesien formell die Autonomie erhielt. Diesem Tag waren vor allem zwischen 1952 und 1954 blutige Auseinandersetzungen zwischen der französischen Autorität und tunesischen Untergrundbewegungen vorausgegangen.

Rechts oben und Mitte Die Avenue Habib Bourguiba führt von der Neustadt zum Bab el-Bahr, dem Eingang zur Medina. Die Allee ist gesäumt von eleganten Boutiquen und Cafés.

Rechts unten Tunis ist in vielerlei Hinsicht eine moderne Stadt, besonders die Menschen orientieren sich an europäischer Lebensart.

Antike Festungen

Oben Die Festung auf einer Tabarka vorgelagerten Insel wurde 1540 von der Familie Lomellini errichtet. Sie erhielten die Insel im Tausch gegen die Freilassung des Piraten Dragut.

Unten Tabarka an der Nordküste Tunesiens, nahe der algerischen Grenze, wurde von den Phöniziern gegründet. Reich wurde die Stadt durch ihren Hafen und den Export von Marmor und Mineralien.

Oben Im letzten Weltkrieg hat das Städtchen Tabarka eine wichtige Rolle gespielt. Es stellte sich den vorrückenden italienisch-französischen Truppen entgegen, die in Algerien eindringen wollten.

Unten Kelibia entstand am Ort des antiken Clupea, gegründet von Agatokles an der Küste von Cap Bon, später von Regulus erobert und schließlich von Scipio zerstört. Auf einem 120 Meter hohen Hügel steht eine mächtige Festung, deren Ursprung auf das 6. Jahrhundert zurückgeht.

Bizerte, Festung der Franzosen

Links Das alte Bizerte gibt sich mediterran – verschiedene Stadtteile erinnern an Dörfer auf Korsika oder Sardinien. Der Einfluss der Mauren, die sich nach ihrer Vertreibung aus Spanien im Jahr 1492 hier ansiedelten, hat das andalusische Viertel geprägt.

Oben Die Einfahrt in den alten Hafen von Bizerte wird von zwei Festungen aus dem 17. Jahrhundert, Kasbah und Fort El-Hani, geschützt. Innerhalb der Mauern der Kasbah liegt ein sehenswertes traditionelles Wohnviertel mit dem typischen Labyrinth der Gassen.

Rechts Bizerte ist heute eine moderne Stadt, aber dennoch haben sich um den Hafen alte Wohnviertel erhalten. Geblieben ist auch ein Hauch von Seeräuberromantik.

El Kef, Hauptstadt des Westens

Rechts El Kef, der »Fels«, trägt seinen Namen zu Recht: Die Stadt wurde rund um einen Felsen erbaut und ist eine weithin sichtbare Landmarke. Die exponierte Lage war schon für Menschen vor 3000 Jahren Anlass hier zu siedeln.

Oben Die Altstadt von El Kef wird von einer türkischen Kasbah beherrscht. Mohammed Bey hat die Kasbah im Jahre 1679 aus Resten antiker Monumente errichtet. Die Stadt hat heute Bedeutung als Marktzentrum für die umliegenden Gebiete, der Tourismus spielt hier keine Rolle.

Unten Bis vor kurzer Zeit hat das Militär die Kasbah von El Kef genutzt, nach dessen Auszug ist nun eine Besichtigung möglich.

Sidi Bou Said und Monastir, die Perlen des Mittelmeers

S. 72/73 Sidi Bou Said vor den Toren von Tunis war und ist ein berühmter Künstlerort. Die Nähe zum Kap Gammarth und das milde Klima gewährleisten viel Lebensqualität.

Unten Monastir, eigentlich ein eher unscheinbarer Ort, ist berühmt als Geburtsort des ersten Präsidenten Tunesiens, Habib Bourguiba, und durch den Ribat. Der Ribat, ein islamisches Wehrkloster, das 796 errichtet wurde und bislang mehrere Umbauten erfahren hat, ist ein Heiligtum der Muslime. Der zweite die Stadt prägende Gebäudekomplex ist das Mausoleum von Habib Bourguiba (unten).

S. 75 links oben Die Kuppel des Bourguiba-Mausoleums ist mit Gold überzogen – nur kostbarste Materialien fanden beim Bau Verwendung.

S. 75 rechts oben Die zweite Hinterlassenschaft des Ex-Präsidenten ist die Bourguiba-Moschee, deren Gebetsaal über tausend Gläubigen Platz bietet.

S. 75 unten Der Friedhof von Monastir liegt an der Westseite des Ribat. Die Größe des Friedhofs rührt vom Wunsch vieler Muslime, im Schatten des heiligen Ortes bestattet zu werden.

S. 76/77 Mächtig präsentiert sich der Ribat von Monastir von der Seeseite her. Er galt als uneinnehmbar. Heute dient die Anlage oft als Filmkulisse, auch für Franco Zeffirellis Film »Jesus von Nazareth«.

Sfax: Minarette und Schornsteine

Oben Das Herz von Sfax ist die Medina, noch vollständig von der Stadtmauer, von den Aghlabiden errichtete, umschlossen. In einem Labyrinth aus Gassen und Gässchen befinden sich Läden, in denen Handwerker ihre Erzeugnisse herstellen und verkaufen.

Unten Das Herz der Neustadt ist der Place Hedi Chaker, einem Helden der Unabhängigkeit gewidmet. Im Rathaus befindet sich das Archäologische Museum, in dem vor allem Mosaiken der römischen Vorgängersiedlung Thaenae zu besichtigen sind.

Rechts Sfax ist die zweitgrößte Stadt Tunesiens und die industrielle Metropole des Landes. Die Neustadt gibt sich modern, jedoch mit Anleihen aus der traditionellen Architektur.

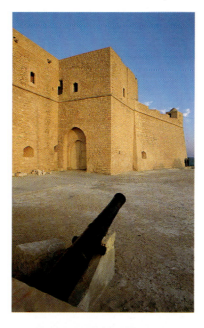

Links Die Stadt Mahdia wurde im zehnten Jahrhundert auf dem felsigen Cap d'Afrique von Obaid Allah gegründet. Nach seinem Beinamen El Mahdi, »Gottgeleiteter«, benannte er die Stadt. Durch die strategisch günstige Lage und die Befestigung der Stadt konnte El Mahdi seinen Feinden, den Kharigiten, Widerstand leisten. Das Kap war bereits von Puniern besiedelt und auch die Römer dürften sich hier niedergelassen haben.

Links Die Skiffa el-Kahla, »dunkler Vorhof«, ein vierzig Meter langer geknickter Durchgang, der 1554 von den Türken errichtet wurde, musste früher durchschritten werden, um in die Medina zu gelangen.

Oben links Eine Moschee mit einem schlanken und eleganten Minarett erhebt sich in den Himmel. Mahdia ist reich mit Gotteshäusern gesegnet.

Oben Mitte Der Bordj el-Kebir, »große Festung«, ist ein bedeutender Teil der Festungsanlagen. Ein Vorgängerbau stammt aus dem 6. Jahrhundert, auf dessen Fundamenten die Türken im 16. Jahrhundert eine neue Festung errichteten, die im 18. Jahrhundert stark erweitert wurde.

Oben rechts Der Hof der großen Moschee, von Obaid Allah um 916 erbaut, wurde oft umgestaltet und in den 60er Jahren aufwendig restauriert. Der Hof misst 50 mal 39 Meter und ist auf drei Seiten von Galerien umgeben. Vor dem Gebetssaal stützen sich die Bogen auf antike Säulen.

Unten Einst war die Medina, die sich Richtung Meer erstreckt, von mächtigen Mauern umgeben und geschützt. Die Spanier unter Carlos V. haben die Stadtmauer jedoch fast vollständig zerstört – lediglich die beiden Befestigungsanlagen Skiffa el-Kahla und Bordj el-Kebir sind geblieben.

Sousse, der Hafen Hannibals

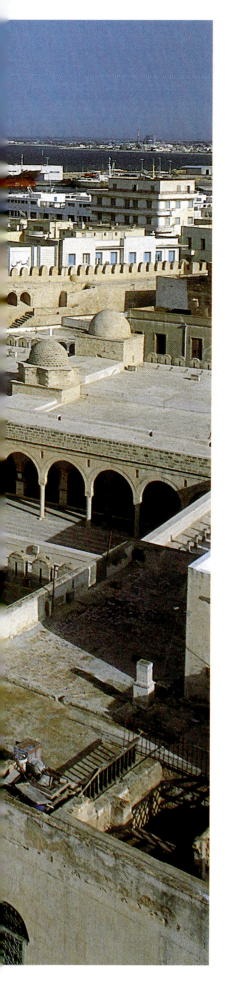

Links Die Große Moschee von Sousse, die der aghlabidische Emir Abou el Abbas im Jahre 850 errichtet hat, wurde erst vor kurzer Zeit umfassend restauriert.

Oben Der Ribat von Sousse, ein ehemaliges Wehrkloster, ist das beste Beispiel islamischer Architektur dieses Typs in Nordafrika. Entstanden ist der Ribat am Ende des 8. Jahrhunderts auf den Fundamenten römischer, byzantinischer und auch islamischer Bauwerke mit der Aufgabe, den Hafen gegen Angreifer zu schützen.

Mitte oben Nördlich der Avenue Habib entstand die Neustadt, Hotels wurden entlang des Strands gebaut und eine touristische Infrastruktur entwickelt. Sousse bietet den Vorteil, dass man von hier aus Tagesausflüge zu fast allen interessanten historischen Stätten Tunesiens unternehmen kann.

Mitte unten Der nahezu quadratische Innenhof des Ribat ist von zahlreichen Zellen der Mönchsritter gesäumt. Eine Treppe führt zur Galerie im ersten Stock, die ebenfalls an drei Seiten von Zellen umschlossen ist. Die vierte Seite, nach Mekka ausgerichtet, war dem Gebetssaal vorbehalten, der als einer des ältesten in Afrika gilt.

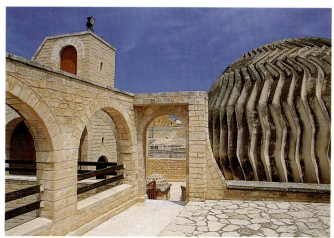

Unten In einem Hof in der Nähe des Souk el-Reba befindet sich der Kalaout el Koubba, das »Café der Kuppel«. Dieses merkwürdige Gebäude stammt aus dem 11. Jahrhundert und beherbergt heute ein Trachtenmuseum. Bemerkenswert ist die eigenartige Kuppel mit Rippen in Zickzackform, deren ursprünglicher Zweck nicht bekannt ist.

Kairouan, am Rande der Wüste

Links Kairouan ist die heiligste der muslimischen Städte Afrikas. Eine mächtige Mauer umschließt die Medina und dahinter das Minarett der berühmten Sidi-Oqba-Moschee.

Unten In die Medina von Kairouan gelangte man nur durch eines der wenigen Tore der über drei Kilometer langen Stadtmauer.

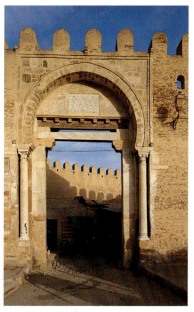

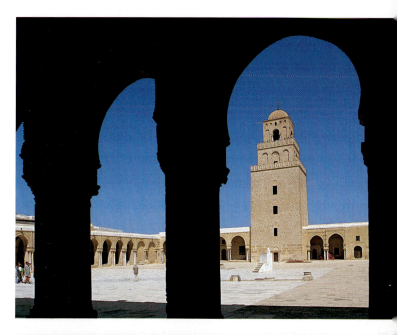

Rechts oben Das wichtigste Bauwerk der Medina ist die Sidi-Oqba-Moschee, die in ihrer heutigen Form im 9. Jahrhundert erbaut wurde.

Rechts Mitte Über 400 der Säulen des Gebetssaals und der Laubengänge stammen von antiken römischen Bauwerken und wurden aus allen Teilen des Landes zusammengetragen.

Rechts unten Die Bassins der Aghlabiden wurden im 9. Jahrhundert angelegt, um die Trinkwasserversorgung von Kairouan zu sichern.

Oben Die Zaouia el-Ghariani in Kairouan, die Grabmoschee des 1402 gestorbenen Sidi Abid, wurde im 15. Jahrhundert errichtet. Man betritt das Mausoleum durch ein dekoratives Eingangsportal und gelangt in einen Innenhof, umgeben von einem Säulengang mit verzierten Wänden.

Unten Die Barbiermoschee in Kairouan oder Zaouia Sidi Sahab ist ebenfalls Grabmoschee eines Heiligen. Sidi Sahab war ein Gefährte des Propheten Mohammed und wurde oft als »Barbier des Propheten« bezeichnet, da er stets drei Barthaare Mohammeds bei sich getragen haben soll.

Oben Von der Galerie der Zaouia el-Ghariani schaut man in einen Innenhof mit schwarzweiß dekorierten Bögen.

Unten Die Barbiermoschee hat einen weitläufigen Innenhof mit einem Säulengang, der reich mit Fayencen und Stuckarbeiten ausgestattet ist.

S. 88/89 Die Zaouia Sidi Sahab, besser unter dem Namen Barbiermoschee bekannt, ist mit bemalten Keramikfliesen reich verziert. Zumeist werden geometrische Muster und Blumenmotive dargestellt. Die Lehre des Islam verbietet die Abbildung von Menschen und Tieren. Die typisch tunesischen Keramiken, auch heute werden sie noch hergestellt, sind ganz besonders farbenprächtig. Diese Keramiken befinden sich im zweiten Hof.

Djerba, die Insel Odysseus'

Rechts Houmt Souk ist die Hauptstadt der Insel Djerba. Auf ihrem Souk findet man wirklich alles – vom Kitsch bis hin zu traditionellen kunsthandwerklichen Erzeugnissen, vor allem aber Schwämme, Keramiken, Wolle und Schmuck.

Oben Boote mit Lateinersegeln, typisch für die Insel, liegen in den Buchten um Djerba vor Anker.

Links oben Die Insel Djerba, nur 514 Quadratkilometer groß, beherbergt 213 Moscheen. Hier die Moschee Giadid, »die Neue«.

Links Mitte In der Nähe des Hafens von Houmt Souk steht die vom Korsaren Dragut im 16. Jahrhundert errichtete Festung.

Links unten Im Souk von Houmt Souk gibt es alles, was das Herz begehrt – von handwerklichen Erzeugnissen bis hin zu Gewürzen.

TUNESIEN – MENSCHEN UND MÄRKTE

Oben In Tunesien gibt es eine große Vielfalt traditioneller Trachten, die jedoch in den Großstädten und von den meist westlich orientierten Jugendlichen kaum noch getragen werden. Das Überleben der Trachten wird unter anderem durch Folkloregruppen wie dieser aus Metlaoui, einer Bergbaustadt in der Nähe von Gafsa, gesichert.

Unten Ein tunesisches Café: Obwohl die Gleichberechtigung von Mann und Frau in der Verfassung verankert ist, besuchen nur die Männer das Café. Das Rauchen der Wasserpfeife (Narghilé) gehört ganz selbstverständlich dazu - Übrigens rauchen auch Frauen die Wasserpfeife, jedoch nicht in der Öffentlichkeit.

Rechts Fischfang auf Djerba: Während die Männer mit dem Boot aufs Meer hinausfahren, betreiben die Frauen die Fischerei stehend im seichten Wasser in Ufernähe. Das Gebiet um die Landzunge von Bordj Kastil ist aufgrund der Strömungen sehr fischreich und eignet sich ausgezeichnet für diese Form des Fischens.

Fischfang, eine alte Kunst

Links oben Wie überall an der Küste Tunesien wird auch auf den Kerkennah-Inseln Fischfang betrieben. Hier benutzt man auch Reusen, die aus Palmenblättern hergestellt werden. Die Fischer fahren mit Booten aus, die, wie heute im Mittelmeer ganz selten, mit Lateinersegeln ausgestattet sind.

Links unten In Tabarka und den angrenzenden Gebieten in Nordtunesien bedient man sich modernerer Methoden des Fischfangs. Es werden große Motorboote und Schleppnetze eingesetzt. Seit jeher gehen die Menschen hier dem Fang und Handel von Korallen nach, einst Vorrecht der genuesischen Familie Lomellini.

Rechts oben Während das Fischerboot im Hafen liegt, flicken die Seeleute an der Mole die Netze.

Rechts unten An der Küste der Kerkennah-Inseln hat man die kleinen Fischerboote an das Ufer gezogen. Diese traditionellen Boote werden mit nur einem Mast und dem dreieckigen Lateinersegel gefahren.

S. 95 Der alte Fischer im Hafen von Kelibia ist mit der Herstellung eines neuen Netzes beschäftigt.

Der Souk ist das Zentrum

Links Ein Kunsthandwerker aus Sousse bei der Arbeit in seinem Geschäft im Souk. Er fertigt Teller und Tabletts aus Messing, die er anschließend ziseliert.

Rechts Diese Puppen, eindeutig von türkischem Einfluss geprägt, werden mit Drähten bewegt, ähnlich wie ihre engen Verwandten, die sizilianischen Marionetten.

Oben rechts Im Souk von Hammamet werden neben den Dingen des täglichen Bedarfs auch Kleidung, Teppiche und Decken verkauft.

Oben links Die Decken von Djerba sind weitbekannt, auch wenn sie aus gröberer Wolle gefertigt werden, als es in Europa üblich ist.

Unten Kairouan ist auch heute noch das wichtigste Zentrum in ganz Tunesien für die Herstellung gewebter und geknüpfter Teppiche.

Links Der interessanteste Teil des Souk von Tunis ist überdacht, zum Schutz vor der Hitze im Sommer und der Kälte im Winter. Wie ein Kaufhaus gliedert sich der Souk in verschiedene »Abteilungen«: der Souk el Attarine (Parfums), der Souk el Koumash (Stoffe), der Souk des femmes (Bekleidung) und der Souk et Truk (Teppiche).

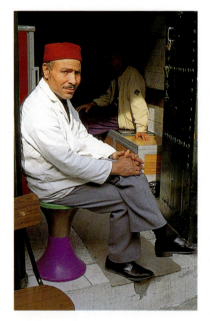

Oben links Der Einkauf im Souk ist gewissen Regeln unterworfen, die sowohl vom Verkäufer als auch vom Käufer die Einhaltung verlangen. Dazu gehört etwa das Anbieten einer Tasse Tee einerseits, sowie das Handeln um den Preis andererseits.

Oben rechts Ein Händler sitzt auf der Türschwelle seines Geschäfts und wartet geduldig auf Kunden. Auf dem Kopf trägt er einen kleinen Fez aus rotem Stoff. Die Bezeichnung dieser Kopfbedeckung geht auf die gleichnamige Stadt in Marokko zurück.

Links Der Souk el Leffa gehört zu den ältesten von Tunis.

Oben Im Souk des Orfèvres in Tunis wird nur Gold und Schmuck verkauft.

S. 100/101 Der Souk von Tozeur hat ein reichhaltiges Angebot an Teppichen, darunter sowohl Kilim als auch geknüpfte Teppiche.

Wohnen und Feiern

Links oben Die Höhlenwohnungen von Matmata wurden von den Berbern in den lehmhaltigen Boden gegraben. Zunächst wurde eine Art Trichter ausgehoben und dann hat man von der Basis die Höhlen in die Wände getrieben. Verschiedene größere Wohntrichter sind inzwischen zu Hotels ausgebaut worden.

Links unten In Metlaoui ist eine Hochzeit auch für die Kinder ein ganz besonderer Tag. Es wird die Festtagskleidung hervorgeholt, die Mädchen schminken sich und die Jungen tragen einen Fez, verziert mit dem Namen »Allah«.

Unten Metlaoui ist eine Bergbaustadt; Touristen verirren sich kaum hierher. Noch hat der Westen wenig Einfluss auf die alten Traditionen. Hochzeiten werden, wie seit jeher, mit der ganzen Verwandtschaft und den Nachbarn gefeiert. Die Männer ziehen bis in die frühen Morgenstunden durch die Straßen, um das freudige Ereignis kundzutun.

Rechts In Tunesien gibt es eine große Vielfalt verschiedener Trachten, die von Ort zu Ort beträchtliche Unterschiede aufweisen. Hier eine Frau aus Matmata.

S. 104/105 Hirten in der Nähe von Sbeitla.

Oben Eine Berberbraut auf Djerba. Sie trägt eine farbenprächtige und kostbare Tracht, die aus Seide gefertigt und mit üppigen Stickereien verziert ist. Das Gesicht der Frau ist nicht verschleiert, obwohl dies in verschiedenen Landesteilen Tunesiens noch üblich ist.

Rechts Aufgrund der Lage im Süden Tunesiens hat es auf Djerba schon immer Kontakte zu dunkelhäutigen Völkern gegeben.

Rechts Djerba ist der Sitz einer hebräischen Gemeinde, deren Ursprung auf den Exodus nach der Zerstörung des Tempels 70 n. Chr. zurückgehen soll. Seit der Gründung des Staates Israel ist die in den Ortschaften Hara Kebira und Hara Seghira ansässige Gemeinde deutlich kleiner geworden. Die Frauen kleiden sich häufig noch traditionell.

Unten Die Frauen von Djerba bedecken zwar ihre Haare, das Gesicht bleibt jedoch frei. Häufig halten die Frauen einen Zipfel der Kopftuchs mit den Zähnen fest, um beide Hände frei zu haben.

Die Stätten des Glaubens

Links Die Synagoge von Djerba wird La Ghriba, die »Wundertätige«, genannt und wurde 1920 auf einer älteren Anlage errichtet. Die Gründung der Gemeinde soll auf die Ankunft der Flüchtlinge nach der Zerstörung des Jerusalemer Tempels im Jahr 70 n. Chr. zurückgehen. Der Legende nach haben die Flüchtlinge Steine dieses Tempels mitgebracht, auf denen die erste Synagoge errichtet wurde. Eine andere behauptet, die Synagoge sei 586 v. Chr. nach einem Meteoriteneinschlag an diesem Platz gebaut worden. Sicher ist jedoch, dass eine der hier aufbewahrten Thorarollen zu den ältesten der Welt gehört.

Rechts oben Der Gebetssaal ist reich geschmückt und nicht nur Ort des Gebetes – ältere Gemeindemitglieder kommen, um in den Heiligen Schriften zu lesen, oder sich zu unterhalten. Alljährlich, 33 Tage nach dem Pessachfest, ist die Synagoge Ziel einer Wallfahrt – La Ghriba ist das zentrale jüdische Heiligtum in Nordafrika.

Rechts Mitte Von außen macht die Synagoge einen eher unscheinbaren Eindruck.

Rechts unten Neben der Synagoge wurde ein Fondouk, ein zweistöckiges Hotel zur Unterbringung der Pilger, errichtet. Der große Innenhof ist von Säulengängen umgeben. Viele Pilger ziehen es jedoch vor, während ihrer einwöchigen Wallfahrt in einem der zahlreichen Küstendörfer zu wohnen.

Das moderne Tunesien

Oben Vor allem in den 80er Jahren erlebte die Insel Djerba einen wahren Bauboom.

Unten Die Haupttouristenregionen Tunesiens sind Tabarka, die Küsten von Bizerte und Tunis, die Halbinsel Cap Bon, Nabeul und Hammamet, die Strände von Sousse und Monastir, die Küsten von Sfax und Gabès und die Insel Djerba.

Oben Port el Kantaoui ist ein luxuriöses Feriendorf, das Ende der 80er Jahre am Golf von Hammamet errichtet wurde.

Unten Ganz und gar auf westliche Besucher ist Port el Kantaoui eingestellt.

DAS ERBE DER RÖMER

Oben Dougga, im 4. Jahrhundert v. Chr. erstmals erwähnt, war ursprünglich eine numidisch-punische Siedlung, die romanisiert wurde. Die Stadt geriet nach dem Fall Karthagos unter römischen Einfluss und wurde im Jahr 46 v. Chr. durch Julius Cäsar Teil der Provinz »Africa Nova«. Das Forum mit dem Kapitolstempel ist die zentrale Anlage des antiken Thugga.

Unten Bulla Regia war numidische Residenz und in römischer Zeit eine blühende und reiche Stadt. Von diesem Reichtum zeugen die Ruinen der zahlreichen öffentlichen Gebäude und vor allem die großen und luxuriösen Villen, die zu den eindrucksvollsten privaten Bauwerken aus römischer Zeit zählen.

Rechts Der Kapitolstempel von Sbeitla, dem antiken Sufetula, ist außergewöhnlich gut erhalten. Die Römer haben die Stadt erst spät, im 1. Jahrhundert n. Chr., gegründet.

Karthago, die Stadt der Phönizier

Rechts Die römischen Überreste Karthagos erheben sich am nördlichen Ende des Golfs von Tunis. Nach dem griechischen Historiker Timaios soll Karthago 814 v. Chr. gegründet worden sein.

Unten Der Kopf einer Statue ist der Zerstörung Karthagos durch die Araber Ende des 7. Jahrhunderts entgangen. Das riesige Trümmerfeld lieferte jahrhundertelang das Baumaterial für die umliegenden Orte.

S. 115 oben Die Bauwerke Karthagos waren prunkvoll ausgestattet.

S. 115 unten Von der Pracht und der Bedeutung Karthagos sind nur Ruinen geblieben: Das phönizische Karthago erlebte einen schnellen Aufstieg. Es wurden Kolonien gegründet und der Herrschaftsbereich bis an das westliche Mittelmeer ausgedehnt. Im Dritten Punischen Krieg musste Karthago 146 v. Chr. sich schließlich der römischen Übermacht geschlagen geben.

Der lange Arm der Römer

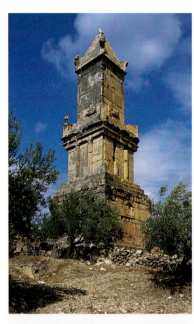

116

Links oben In der Numiderstadt Dougga, das antike Thugga, ist das prächtige Mausoleum des Numiderfürsten Ateban erhalten geblieben. Es ist das einzige punische Architekturdenkmal auf tunesischem Boden und vereint hellenistische, ägyptische, orientalische und archaische Elemente. Eine Inschrift ermöglichte die Entschlüsselung der libyschen Sprache.

Links unten Das Amphitheater von El Djem war das größte Bauwerk dieser Art in Nordafrika und das drittgrößte Theater der römischen Welt. El Djem wurde zu Zeiten Cäsars unter dem Namen Tysdrus gegründet und verdankte seinen Reichtum dem Olivenanbau. Am Ende des 17. Jahrhunderts sprengten türkische Truppen eine Bresche in das Amphitheater, um die dort verschanzten aufständischen Berber zu bekämpfen.

Rechts oben Das Kapitol von Dougga ist das Herz eines »zweiten Pompeji« und zeugt von dem Leben, das sich hier um Christi Geburt nahezu 600 Jahre lang abgespielt hat. Wie in Pompeji gibt es auch in Dougga prachtvolle Privathäuser, Ringerschulen, Theater, Foren, Thermen und Tempel. Unter Antoninus und Septimius Severus erreichte Dougga den Gipfel seiner Blütezeit. Neben dem Forum und dem gut erhaltenen Kapitolstempel verfügt der Ort über weitere bedeutende Monumente: den Triumphbogen des Severus Alexander, die Zisternen, den Tempel der Caelestis und einige schöne Privathäuser, wie etwa das Haus der Jahreszeiten oder das Haus des Kleeblatts.

Rechts unten Das Amphitheater von El Djem fasste 35 000 Zuschauer, es misst 148 Meter in der Länge und 120 Meter in der Breite, die Arena ist 65 Meter lang und 37 Meter breit. Das Kolosseum in Rom ist nur geringfügig größer (50 000 Zuschauer, Außenmaße 186 x 156 Meter, Arena 78 x 46 Meter).

Rechts Thuburbo Majus wurde 1875 durch den Archäologen Tissot identifiziert und 1912 begann man mit den Ausgrabungen. Der Kapitolstempel ist wie sein römisches Vorbild den Göttern Jupiter, Juno und Minerva geweiht.

Unten Die Ruinen des antike Bulla Regia erstrecken sich auf einer Hochebene zwischen Tunis und Ghardimaou. Vom Palast der Jagd ist nur der unterirdisches Teil erhalten. Das Gebäude wurde um einen nach oben offenen Innenhof angelegt und von acht Säulen gestützt. Das Mosaik, nach dem der Palast benannt wurde, ist im Bardo-Museum in Tunis ausgestellt.

Links Ein Tor führte zum Forum von Thuburbo Majus. Die Stadt ist bekannt für ihre zahlreichen Mosaikarbeiten, von denen viele in Tunis aufbewahrt werden.

Rechts oben und unten Das Mosaik im Palast der Amphitrite stellt Amphitrite auf einem Zentauren, sowie Poseidon und einige Genien dar.

Oben Maktar, das antike Mactaris, liegt etwa hundert Kilometer entfernt von Tunis in Richtung Kairouan. Ursprünglich eine numidische Festung, lässt sich der Ort erst 180 n. Chr. endgültig dem römischen Kulturkreis zuordnen.

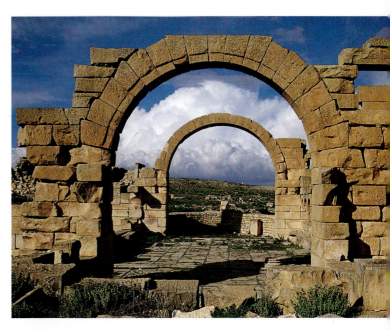

Rechts oben Die Überreste einer unter Justinian errichteten byzantinischen Zitadelle in Haidra.

Rechts Mitte Utica, etwa 30 Kilometer von Tunis entfernt, war in phönizischer und römischer Zeit eine wichtige Hafenstadt. Utica liegt heute 15 Kilometer landeinwärts, weil die Mündung des Qued Medjerda verlandete.

Unten Der Bogen des Traian befindet sich neben einem punischen Tempel, der in eine Kirche umgewandelt wurde. Wie Thuburbo Majus erlebte auch Maktar seine Blütezeit zwischen dem 2. und dem 3. Jahrhundert.

Rechts unten Auf der Straße von El Kef nach Gafsa befinden sich in der Nähe von Haidra die Ruinen des antiken Ammaedara. Unter Augustus war hier das Winterlager der III. Legion. Unter den bedeutenden Ruinen von Ammaedara befindet sich der Triumphbogen des Septimius Severus, der im Jahr 195 erbaut wurde. Der Bogen wird auf beiden Seiten von Zwillingssäulen eingerahmt. In byzantinischer Zeit war das Monument von einem kleinen Fort umgeben, dessen Überreste auch heute noch zu sehen sind.

Sbeitla, das antike Sufetula

Links Von der Geschichte Sbeitlas, dem antiken Sufetula, ist nur wenig bekannt. Sicher ist, dass Sbeitla im Jahr 647, zur Zeit der ersten arabischen Invasion, Sitz des Kaisers Gregor wurde, der sich von Byzanz losgesagt hatte. In einer Schlacht gegen die Araber fand er den Tod. Zu den beeindruckenden Ruinen zählen unter anderem der Kapitolstempel und der dreitorige Antoninus-Pius-Bogen. Der Kapitolstempel, aus drei Einzeltempeln bestehend, war den Göttern Jupiter, Juno und Minerva geweiht.

Rechts oben Der Triumphbogen des Diokletian ist schon von weitem sichtbar und war das südliche Stadttor und Wahrzeichen des römischen Sufetula.

Rechts Mitte Der Antoninus-Pius-Bogen markiert den Eingang zum Forum von Sufetula.

Rechts unten Sufetula erlebte seine Blütezeit unter der Dynastie der Severen. Zu den am besten erhaltenen Überresten aus dieser Zeit des Glanzes gehört der Kapitolstempel.

Unten Das Bardo-Museum in Tunis verdankt seinen Ruf vor allem der Sammlung von Kunstwerken aus punischer und römischer Zeit.

Rechts Das Gebäude des Museums war eine Residenz der Hafsiden aus dem 15. Jahrhundert. Bis ins 19. Jahrhundert erfolgten zahlreiche Erweiterungen und Umbauten. 1888 wurden im ehemaligen Harem die ersten Säle des Museums eröffnet.

S. 125 oben Apollo-Statue aus Bulla Regia.

S. 125 unten Kopf einer Jupiter-Statue.

Im Palast der Mosaiken

Links oben Odysseus und die Sirenen.

Links unten Vergil zwischen den beiden Musen Klio und Melpomene. Das Mosaik wurde am Ende des 2. Jahrhunderts angefertigt und in Sousse gefunden. Auf der Papyrusrolle, die der Dichter in den Händen hält, stehen einige Verse aus der Aeneis.

Oben Dieses Mosaik zeigt eines der häufigsten Motive: den Kopf Neptuns, umgeben von Symbolen der Seefahrt.

Rechts Eine Darstellung Diokletians.

Unten Sonnenuntergang auf den Kerkennah-Inseln.

BILDNACHWEIS:
Alle Fotografien in diesem Band stammen von Alfio Garozzo / White Star Archiv, mit Ausnahme der folgenden:

Antonio Attini / White Star Archiv: Seite 24-25, 122-123, 123 Mitte.
Marcello Bertinetti / White Star Archiv: Seite 8, 12-13, 22, 23, 62 links oben, 62-63, 65 oben, 65 unten, 74 oben links, 90 unten, 90-91, 92 unten, 93, 96 Mitte rechts, 98 unten, 98-99, 106, 107, 108-109, 109 unten, 110, 111, 116 oben, 117 oben, 118 oben, 119.

Die Deutsche Bibliothek – CIP Einheitsaufnahme

Köthe, Friedrich:
Reise durch Tunesien / Friedrich Köthe. – Würzburg : Stürtz, 1998
ISBN 3-8003-0885-1

© 1998 Stürtz Verlag GmbH, Würzburg
Schutzumschlag und Typografie: Margarita Mengele, Würzburg
Gestaltung (Bildteil): Anna Galliani
Text (Einleitung): Friedrich Köthe
Text (Bildunterschriften): Paolo Rinaldi
Übersetzung (Bildunterschriften): Claudia Ade
© der Originalausgabe:
1998 Edizioni White Star, Vercelli
Gestaltung: Anna Galliani
Karte: Cristina Franco
Alle Rechte vorbehalten
ISBN 3-8003-0885-1